FLORENCE DUTHEIL · HENRI FELLNER

Intolérance et racisme NON !

BAYARD JEUNESSE

AVANT-PROPOS

Cher lecteur,

Ce petit livre parle du respect de l'autre. Tu dois être respecté et protégé comme enfant, par tes parents et par ceux qui s'occupent de toi. Tu dois aussi respecter les autres, c'est-à-dire les accepter comme ils sont, ne pas leur faire de mal et parler avec eux pour les comprendre. Si l'on ne supporte pas de vivre avec les autres, si l'on veut les dominer ou les écraser, alors la vie devient violente et dure, c'est comme lorsqu'on se fait la guerre.

Respecter les autres, c'est ne pas user de la violence, physique (coups, blessures) ou verbale (injures), ne pas maltraiter quelqu'un en le battant, en l'humiliant, en le tourmentant ou en le privant de nourriture, ou encore en lui témoignant toujours de la haine et jamais d'amitié, en étant méchant et cruel avec lui.

Respecter l'autre, c'est d'abord respecter son corps et son sexe, ne pas abuser sexuellement de lui. Ton corps t'appartient. Presque toujours, ce sont les plus faibles qui sont victimes de maltraitance ou d'abus sexuels : les enfants victimes de grandes personnes, mais aussi quelquefois les vieilles personnes qui n'ont plus de force physique et qui ont besoin des autres pour marcher, pour se laver, pour manger, pour s'habiller.
Enfin, respecter l'autre, c'est respecter ses origines, sa religion, ses croyances, ses idées.

Abus sexuels, maltraitance, intolérance et racisme, violence : des mots un peu compliqués que la collection des Petits guides pour dire non t'explique de façon vivante. Je pense qu'il est très important que tu réfléchisses à ces questions, que tu en parles avec tes parents, tes amis et en classe, et que tu fasses lire ces livres autour de toi.

Beaucoup d'enfants sont victimes de violences, malheureux, et ne savent pas à qui en parler. Ils souffrent en silence. Ces livres donnent de bons conseils. Ainsi, il y a en France un numéro d'appel gratuit et anonyme, le 119. Il te permet de parler à des professionnels qui écoutent ce que tu as à leur dire et qui aident les enfants maltraités.

Pour ma part, en tant que ministre de la Famille – et donc des enfants – je viens de faire voter une loi qui donne de nouveaux moyens pour lutter contre les violences faites aux enfants. Il faut qu'en France, aujourd'hui, tous les enfants puissent être bien défendus quand certaines personnes leur font du mal.

Chaque enfant doit connaître ses droits, mais aussi ses devoirs. Le principal pour vivre bien tous ensemble, c'est d'abord le respect de l'autre.

Bonne lecture !

Christian JACOB
Ministre délégué à la Famille.

non

TOI, TU SAIS QUI TU ES

Comment sont tes yeux, tes cheveux ?
Es-tu petit ou grand ?

Et voici
UN AUTRE ENFANT

Tu le reconnais facilement, Marcel.
Avec ses cheveux roux. Ses lunettes.
Ses baskets roses. Son accent de Lyon,
ses petits trains et son drôle de caractère.

IL NE TE RESSEMBLE PAS !

Si on était
TOUS PAREILS...

Avec les mêmes cheveux roux,
les mêmes vêtements, le même accent,
les mêmes goûts et le même caractère,
les mêmes défauts et les mêmes qualités ?

QUEL CAUCHEMAR !

Comment ferait-on pour se reconnaître ?
Comment ferait-on pour savoir qui on est ?
Heureusement, dans la vie, ce n'est pas comme ça !

Il y a des différences
PHYSIQUES

des noirs

des bébé

des vieux

des gens
qui n'entendent pa

des gens
qui ont
les yeux bridés

des grands

des gens
qui ne voient pas

des gens
qui se déplacent
en fauteuil roulant

des petits

des blancs

Il y a des différences
DE CARACTÈRE

des grands timides

DES COLÉREUX

des doux

des petits malins
qui se font remarquer

Il y a des différences
DE RELIGION

Il y a des chrétiens, des musulmans, des juifs, des bouddhistes, des hindous...
Il y a des gens qui ont une religion et d'autres qui n'en ont pas.
Et il y a encore bien d'autres différences : la cuisine, les habits, la langue qu'on parle, la musique... Toutes ces différences nous font tels que nous sommes.

Et toi, pourquoi es-tu
COMME TU ES ?

Tu es comme tu es parce que tu as des parents, des grands-parents à qui tu ressembles.

Les moments que tu passes avec tes copains et tout ce que tu vis, ça fait aussi partie de ce que tu es.

Ton frère, ta sœur
sont différents de toi
bien que vos parents soient les mêmes.

TU ES UNIQUE !

Toutes ces différences entre les gens, **ÇA ÉTONNE, ÇA ATTIRE**

Ce n'est pas si facile !

Parfois, il y a de la gêne.

ÇA DÉRANGE, ÇA INQUIÈTE

Parfois, il y a de la haine
dans les yeux, dans les mots, dans les gestes.

Parfois même, c'est la guerre.

ALORS, QU'EST-C

QUE TU PEUX FAIRE ?

Voici six situations d'intolérance
que tu peux rencontrer,
et des conseils
pour les comprendre et réagir.

Parfois, il y a
DE L'ÉTONNEMENT

C'est normal d'être étonné
par ce qu'on ne connaît pas,
c'est normal que cela pose des questions.

** «Veux-tu regarder la télévision? » en allemand.*

Si quelqu'un te parle
en une langue étrangère,
demande-lui de t'apprendre
quelques mots.

Alors, tu découvriras
qu'on peut dire la même chose
avec des mots différents.

POUR MIEUX VIVRE AVEC LES AUTRES, SOIS CURIEUX !

Parfois, il y a
DE LA GÊNE

On est gêné de voir quelqu'un
qui ne peut pas bouger,
courir, jouer comme soi.
On a peur, et on se ferme.

Si tu es gêné, essaie de te mettre
à la place de l'autre, parle-lui,
donne-lui un coup de main.

Tu découvriras qui il est.
Comme toi, il a envie de rire
et de se faire des copains.

POUR MIEUX VIVRE AVEC LES AUTRES, SOIS OUVERT !

Parfois, il y a
DE LA VIOLENCE

On s'énerve, on se dispute.
Ce n'est pas une raison pour aller trop loin.

Même si un gros mot peut t'échapper,
ne laisse jamais une insulte
sortir de ta bouche.

C'est méchant, c'est injuste,
et ça peut faire mal longtemps.

POUR MIEUX VIVRE AVEC LES AUTRES, SOIS JUSTE !

Parfois, il y a
DE L'IGNORANCE

Certains adultes prétendent
que tout ce qui va mal
est la faute des étrangers.
Mais même les grands peuvent se tromper.

Personne n’est responsable
de tout ce qui va mal.
La vérité est beaucoup plus compliquée.

Alors, plutôt que de répéter
des idées toutes faites,
pose-toi des questions,
lis, interroge les gens
plus savants que toi, informe-toi.

POUR MIEUX VIVRE AVEC LES AUTRES, RÉFLÉCHIS !

Parfois, il y a
DE LA MÉFIANCE

Dans ton quartier, dans ton école,
il y a des enfants d'origine étrangère.
Peut-être que tu te tiens à l'écart d'eux.

Si tu vas vers les autres,
tu feras de vraies rencontres.

Tu connaîtras des façons
de vivre différentes de la tienne,
intéressantes et enrichissantes.

POUR MIEUX VIVRE AVEC LES AUTRES, SOIS TOLÉRANT !

Parfois, il y a
DE LA HAINE

Certains ont un regard de haine
envers ceux qui n'ont pas
la même couleur de peau
ou la même origine qu'eux.
Ils les insultent, les maltraitent,
ils refusent de les côtoyer.

Si tu es témoin de ce genre de situation,
parles-en à un grand, à ton instituteur,
à tes parents. Ils pourront agir.

Les insultes et les gestes racistes
sont punis par la loi.
On peut être condamné à payer une amende,
et même aller en prison pour cela.

POUR MIEUX VIVRE AVEC LES AUTRES, RÉAGIS !

C'est quoi,
LE RACISME ?

Le racisme, c'est quand on rejette une personne sans la connaître, parce que sa couleur de peau, son origine, sa religion, sa façon de vivre sont différentes des nôtres.

C'est aussi quand on lui refuse un travail
ou une maison pour cette seule raison.
Quand on l'agresse.
Quand on évite de s'asseoir
à côté d'elle ou de parler avec elle...

**CHACUN A LE DROIT DE VIVRE
ET D'ÊTRE RESPECTÉ.
LE RACISME EST INTERDIT ET PUNI PAR LA LOI.**

À l'école, dans ton quartier
ou quand tu pars en vacances,
tu as l'occasion de rencontrer
plein de gens différents et de découvrir
qu'on peut vivre autrement.

Si tu t'intéresses aux autres,
ils t'apprendront beaucoup de choses
et tu leur en apprendras autant.

Ce petit livre t'a montré
qu'être curieux,
ouvert aux autres et tolérant,

ÇA AIDE À MIEUX

VIVRE ENSEMBLE.